C. DE KIRWAN

Du vrai sens

de la vie

EDITIONS DES *QUESTIONS ECCLÉSIASTIQUES*
N° 62. — Novembre-Décembre 1909.

LILLE

RÉDACTION :
3, rue d'Isly

ADMINISTRATION :
15, rue d'Angleterre

C. DE KIRWAN

Du vrai sens de la vie

EDITIONS DES *QUESTIONS ECCLESIASTIQUES*
N° 62. — Novembre-Décembre 1909.

LILLE

RÉDACTION :
3, rue d'Isly

ADMINISTRATION :
15, rue d'Angleterre

Du vrai sens de la vie

On voudrait, dans les pages qui vont suivre, signaler et apprécier l'œuvre posthume d'un penseur peu connu en dehors de la région lyonnaise, où il a professé pendant la plus grande partie de sa longue existence de 85 ans.

M. l'abbé Guinand, retraité comme professeur d'hébreu, doyen de l'ancienne Faculté de théologie de Lyon et membre du Conseil supérieur de l'Instruction publique, avait, de 1835 à 1850, enseigné la philosophie au collège libre de Saint-Alban, dans la banlieue de cette ville de Lyon, au lycée de laquelle l'abbé Noirot professait la même science. Promu ensuite à la chaire d'hébreu de la Faculté de théologie, il l'occupa jusqu'à la suppression de cette Faculté, en 1885.

Ces multiples occupations n'épuisaient pas l'activité du philosophe et du théologien. Un cours libre de hautes études pour les jeunes filles et leurs mères ayant été fondé à Lyon, où il a fonctionné pendant quarante ans, l'abbé Guinand accepta dès l'origine d'y faire un cours d'études religieuses.

A part quelques discours académiques, notices biographiques, allocutions matrimoniales, etc. (1), le philosophe, le théologien, le penseur n'a rien publié de son vivant. Mais on a trouvé après sa mort différentes notes, des fragments, des pages jetées sur le papier en des temps divers. Surtout, les leçons et les conférences du cours d'études religieuses ont été recueillies avec un soin pieux par plusieurs des auditrices. Et de ces cours, de ces fragments divers, de ces pages détachées, de pieux disciples du Maître ont formé quatre volumes auxquels ils ont donné ce titre général : *La Science de la vie*, et, plus particulièrement, aux trois derniers, ce sous-titre : *Le Devoir* (2).

(1) On trouvera la liste de ces opuscules, à la suite d'une notice sur *La vie et les travaux de M. l'abbé Guinand*, doyen honoraire de la Faculté de Théologie de Lyon, par Paul Rougier, 1901. Lyon. Imprimerie Waltener.

(2) *La Science de la vie*. Pages recueillies dans les pupitres d'un professeur de l'Université, membre du Conseil supérieur de l'Instruction publique. In-12 de 244 p. 1904.

La Science de la vie. Deuxième partie : *Le Devoir*. Pages recueillies dans les papiers, ou rédigées d'après les cours de M. l'abbé Guinand, professeur de l'Université, membre du Conseil supérieur de l'Instruction publique.

Tome Iᵉʳ : *Gouvernement du corps* : *Tempérance*. — Gouvernement de l'intelligence : *Sagesse*. In-12 de 336 p. 1907.

Tome IIᵉ : *Gouvernement du cœur* : *Amour*. — Gouvernement de la volonté : *Force*. In-12 de VI-375 p. 1907.

Tome IIIᵉ : *Gouvernement des Sociétés* : *Justice*. In-12 de 290 p. 1909. Lyon, Rey, imprimeur.

I

NOSCE TEIPSUM ET GUBERNA !

Le premier volume de *La Science de la vie*, composé uniquement, celui-là, de notes, fragments et papiers divers recueillis après la mort de l'auteur, est à peu près exclusivement philosophique. La méthode est toute cartésienne et procède d'un doute méthodique, mais essentiellement provisoire. Je parle de la méthode, non des idées, lesquelles sont loin d'être de tous points conformes à celles du père de la philosophie moderne. Cette méthode place avant tout l'initiation philosophique dans l'introspection, dans l'étude du moi, dans l'observation attentive et réfléchie des faits de conscience. N'était-ce pas là, aussi, la pensée de Socrate ? Γνῶθι σεαυτόν ! Et n'est-ce pas au maître de Platon que Descartes l'avait empruntée ?

De la connaissance de moi-même : — « je doute, donc je pense, donc je suis » — je prends possession par ma conscience ; je suis ensuite amené par mes sens à la connaissance du monde extérieur, de la nature ; d'où, consécutivement à une première certitude : *je suis*, une seconde certitude : *la nature est* (3).

Mais au-dessus du monde du moi, au-dessus du monde de la nature, il existe un monde supérieur, indépendant de la matière, de l'espace et du temps, le monde transcendant de l'absolu, de l'infini, de l'idéal, de tout ce qui dépasse les choses physiques (μετὰ τὰ φυσικά, comme ont dit les disciples d'Aristote), lequel atteint son point culminant dans la notion de Dieu, à laquelle me conduit ma raison : *Dieu est*.

Ici le philosophe lyonnais, sans doute, suit de trop près Descartes, Leibnitz, Malebranche, comme tous ces penseurs avaient suivi saint Anselme. Il développe la preuve ontologique de l'existence de Dieu, preuve séduisante assurément pour les esprits idéalistes ou volontiers abstraits, mais insuffisante, peu accessible d'ailleurs au vulgaire, et qui n'a pas résisté à la critique de Kant (4).

Je ne suis pas seul dans la nature qui m'entoure. J'ai des

(3) On voit que l'auteur, et avec raison d'ailleurs, ne suit pas précisément en ce point la marche de Descartes, chez qui la démonstration de l'existence des corps ne vient qu'en dernier lieu.

(4) Nous avons indiqué ailleurs, d'après un scolastique contemporain (le R. P. Garrigou-Lagrange, O. P., dans la *Revue Thomiste* de juillet-août 1904), ce qui pourrait être relevé d'utile dans le fameux *Proslogium* de saint Anselme. — Cf. *La méthode cartésienne rectifiée et complétée* dans *La Science catholique* de juillet 1905, Arras.

parents, des amis, des contemporains de tous âges, qu'ont précédés d'autres générations et que suivront des générations futures. De là nouvelle constatation, nouvelle certitude, un quatrième monde, le monde de l'humanité : *l'humanité est.*

Ces mondes : le moi, la nature, Dieu, l'humanité, n'ont, suivant notre auteur, jamais été découverts, «mais ils se sont toujours trouvés dans la pensée de tous les hommes, laquelle, malgré toutes ses recherches, n'a jamais rencontré que quatre ordres de vérités : les vérités de Dieu, les vérités de l'âme, les vérités de la nature et les vérités de la société » (5).

La pensée cartésienne, précisément parce qu'elle procède d'un point de départ trop étroit, arrive parfois à des conséquences exclusives et par là même erronées. Admirateur, et à juste titre, du génie de Descartes, l'abbé Guinand ne l'est pas au point de s'interdire les réserves qu'il estime nécessaires. Par exemple, l'évidence prise pour critérium de la vérité est chose excellente dans l'ordre des vérités expérimentales et ressortissant aux sciences d'observation ; mais où Descartes fait erreur, c'est quand il ajoute «qu'il ne recevra jamais aucune chose pour vraie à moins qu'il ne la connaisse évidemment être telle ». «·Toutes les philosophies, depuis lors, ont accepté le principe cartésien d'un critérium unique de toute certitude, et c'est cette erreur fondamentale qui a conduit la science moderne au positivisme et à la libre-pensée ». D'ailleurs «la prétention attribuée à Descartes de tout connaître par lui-même et jusqu'à l'évidence personnelle, d'imposer au savant l'obligation de n'admettre que ce qu'il aurait constaté lui-même et vérifié, de ne s'en fier à aucune autorité, — ruinerait non seulement l'histoire, qu'elle rendrait impossible, elle rendrait impossibles aussi toutes les sciences de la nature » (6). Mais une telle prétention entrait-elle dans la pensée de Descartes ? Il est permis d'en douter.

Dans la question de l'union de l'âme et du corps, notre auteur se range à la thèse de Bossuet, presque identique à la doctrine du «composé humain» des scolastiques, et bien différente de la théorie platonicienne adoptée par Descartes. « L'homme, dit en effet Bossuet, est un tout naturel, composé d'un corps et d'une âme, et les sens sont les facultés propres de ce tout naturel » (7).

---

(5) *La Science de la vie.* premier volume, p. 62. — On pourrait se demander auquel de ces quatre ordres rattacher la mathématique : mais la mathématique qui, en tant que telle, ne repose et ne raisonne que sur des êtres de raison, n'a de réalité concrète que dans ses applications aux phénomènes de la nature.

(6) *La Science de la vie,* 1ᵉʳ volume, pp. 46 et 57.

(7) *Ibid.,* p. 28.

*
* *

Ce qui précède donne une idée, d'aillleurs fragmentaire, de la partie à proprement parler psychologique du premier volume de *La Science de la vie*. Celle qui suit aborde le grave et fondamental problème de la vie. Inutile d'ajouter que ce problème est discuté et résolu dans l'esprit le plus hautement spiritualiste, c'est-à-dire le plus excellemment chrétien.

« Je sais, disait Descartes, que je suis une chose imparfaite, un être incomplet, dépendant, qui tend et aspire sans cesse à quelque chose de meilleur et de plus grand ». L'homme, être imparfait, est aussi essentiellement perfectible, et c'est ce qui fait sa supériorité sur les « êtres de la nature », qui possèdent du premier coup tout ce qu'ils peuvent avoir de perfection. Il tend constamment « à quelque chose de meilleur et de plus grand » ; et ce quelque chose qu'il poursuit toujours, il ne l'atteint jamais, il ne peut pas l'atteindre ici-bas, étant de l'ordre de l'infini, de l'absolu, qui n'est réalisable qu'en Dieu. Aussi le but de la vie est-il conforme à cette loi de tout être vivant et imparfait, — loi générale et qui régit le monde, — d'employer en tout temps toutes ses forces à se rapprocher de la perfection. Etre en voie de formation, l'homme a pour devoir et pour raison d'achever, en lui, l'œuvre que Dieu n'a fait, en lui, que commencer. Dieu l'a créé incomplet, pour qu'il se complète lui-même et, par le concours de sa libre volonté, collabore en quelque sorte à sa propre création. « Notre existence terrestre, disait l'aimable et saint abbé Perreyve, n'est qu'une initiation partielle et incomplète à la vie pleine et parfaite que nous cherchons... Rien de grand ne se termine ici-bas, et nul n'y achève sa destinée » (8). Mais, en attendant, il faut travailler à créer en soi « la personne humaine la plus parfaite, la plus haute possible, à en faire la plus grande puissance intellectuelle, morale, libre, personnelle » (9). Tel est le but de la vie. Et malheureusement notre éducation, telle qu'elle se fait généralement, n'oblige pas notre raison à un suffisant effort d'activité pour acquérir son parfait développement, qu'il s'agisse de la raison laissée à ses propres forces, qui est la philosophie, ou qu'il s'agisse de la raison assistée de Dieu, qui est la théologie ; elle n'excite pas assez vivement les hautes facultés de l'âme. Et voilà pourquoi le sens de la grandeur nous manque et le pouvoir de gouverner les hommes » (10).

(8) *Op. cit.*, pp. 120, 121.
(9) *Ibid.*, p. 125.
(10) *Op. cit.*, pp. 127-128

La grande loi des fins supérieures de l'homme s'impose à nous tous. Tout ce qui est né en nous aspire au mieux, et ceux-là sont indignes du royaume de Dieu qui, ayant mis la main à la charrue, regardent en arrière : *Nemo mittens manum suam ad aratrum, et respiciens retro, aptus est regno Dei.*

*
* *

Le travail est une autre grande loi de l'humanité. C'est par le travail que l'homme arrive précisément à déployer ses forces et à développer en lui toute la perfection dont il est capable.

Trois éléments sont nécessaires au travail.

Premièrement, une *mise de fonds*, qui nous est libéralement donnée par la nature ou plutôt par la Providence : dans la vie sensible, la lumière, la terre, l'eau, le feu, la fécondité ; dans la vie spirituelle et morale, il faut à l'esprit, à la volonté, à l'imagination, à la vérité, le bien et le beau, — à notre vie morale, à notre liberté, « la présence de la loi souveraine d'où dérivent tous les devoirs et tous les droits » ; dans la vie religieuse, il faut le don de Dieu, la foi, la grâce ; dans la vie sociale, il faut « à notre esprit d'autres esprits, à notre cœur d'autres cœurs ». La lumière de la raison nous est donnée gratuitement, elle est *lux vera quae illuminat omnem hominem venientem in hunc mundum* (Joan, I, 9). « Des certitudes nous sont données, sur lesquelles repose la vérité dans notre esprit. Le cœur nous est donné aussi bien que les impressions du sens ; la parole nous est donnée. Dieu lui-même nous est donné » (11).

Le second élément du travail est *le temps*.

Qu'est-ce que le temps? Comme l'espace, le temps est l'objet de subtiles discussions entre philosophes, sans qu'on puisse en donner une définition bien précise (12). Ce qui est certain, c'est que le temps n'est ni un être, ni une substance, et qu'il est cependant quelque chose de réel : pour l'homme, il est avant tout, « le mouvement de l'âme, la succession des actes qui s'accomplissent en elle », tandis qu'il « ne trouve sa mesure exacte que dans les mouvements réguliers des corps » (13). Il est, peut-on dire, « l'étoffe de la vie », et ensemble, comme l'a dit un Père de l'Eglise, « la menue monnaie de l'éternité », ce qui nous oblige à n'en laisser sans emploi aucune parcelle, car le temps perdu ne se répare pas. Au sens matériel et terre à terre, les Anglo-Saxons expriment cette vérité par leur fameux adage : *Time is*

(11) *Ibid.*, pp. 138 à 140.
(12) Saint Augustin fait au sujet du temps, une réflexion pleine de sens, laquelle peut également s'appliquer à l'espace : *Si nemo me quaerat, scio. Si quaerenti explicare velim, nescio (Confessions*, lib. XI).
(13) *Loc. cit.*, p. 146.

money, le temps c'est de l'argent. Le temps est fugitif, il fuit
sans cesse (14), nous n'avons sur lui aucun pouvoir ; veillons
donc à le bien employer.

Enfin, le troisième élément du travail, c'est *la peine* :

> Travaillez, prenez de la peine
> C'est le fonds qui manque le moins.

Dès l'origine des temps, Dieu avait dit à l'homme coupable :
« Tu mangeras ton pain à la sueur de ton front ». C'est la loi
de l'effort qui, nécessaire à la base même de la vie matérielle,
se retrouve en toutes choses, aussi bien quant à la vie intellectuelle, à la vie morale, sociale, qu'à la conquête de tous les
biens, y compris et surtout le bien suprême, le bien de la vie
éternelle qui n'est accordé qu'aux vaillants : *Regnum Dei vim
patitur et violenti rapiunt illud.*

Aussi le péché de paresse est-il classé par l'Eglise au rang des
péchés capitaux, et le bon sens populaire reconnaît que l'oisi-
veté est la mère de tous les vices. Ce péché, d'après notre auteur,
est le pire de tous, «car mal faire, c'est encore travailler (15),
mais ne rien faire, c'est se soustraire à la loi *primordiale*, c'est
croupir dans l'impuissance, faute d'avoir, ce qui est la condition
de toute vertu, l'empire sur soi-même » (16).

D'autre part le travail porte avec lui ses bénédictions : la
fécondité, le profit, la joie ; non seulement la fécondité matérielle, qui crée et procure la richesse, mais encore et dans une
sphère plus haute, la fécondité intellectuelle, le profit moral, la
joie des découvertes faites, des résultats obtenus, des progrès
accomplis, surtout du progrès dans l'empire sur soi, dans la
volonté affranchie du joug des passions. Malheureusement, sé-
paré du progrès moral ou même en opposition avec lui, «le progrès matériel forme toute la civilisation, l'argent devient l'âme
de la société ; la science chasse la religion, la loi remplace la
justice, et les mœurs détruisent la morale ; l'Etat écrase l'indi-
vidu et les forces collectives brisent les forces personnelles » (17),
ce qui est un signe de vieillissement social. Hélas ! plus que

---

(14) « Le temps, cette image mobile de l'immobile éternité », a dit J.-B. Rousseau. *Eheu ! Postume, Postume, fugaces labuntur anni*, dit quelque part
Horace.

(15) Une question se pose ici. Dans quelle mesure, jusqu'à quel point, « mal
faire », c'est-à-dire travailler à faire le mal, est-il préférable à ne rien faire,
à ne faire ni le bien ni le mal ? On observera peut-être que ne pas faire le
bien lorsqu'on le peut, c'est faire mal par omission. Mais en général le péché
d'omission, qui est un péché négatif, est moindre que le péché d'action, péché
positif. Il faut voir dans l'assertion ici relevée un procédé oratoire plutôt
qu'un principe ferme.

(16) *Op. cit.*, p. 172.

(17) *Ibid.*, p. 195.

jamais en sommes-nous là aujourd'hui, bien des années cependant après que ces pages ont été écrites.

******

Le premier volume de *La Science de la vie* contient, en plus de
ce qui précède, quelques pages sur l'immortalité et la religion,
dans lesquelles, comparant l'instinct chez l'animal et chez
l'homme, il lui suppose, chez ce dernier, une extension qui pourrait être discutée, lui attribuant, avant l'éveil et l'intervention
de la raison, une part dans l'aspiration à l'immortalité, et la
religiosité elle-même. « Dans cette étude sur l'instinct, conclut-il,
il importe de remarquer qu'en l'homme, créature perfectible, à
la différence des animaux, l'activité inconsciente, les instincts,
passent peu à peu sous l'empire et la lumière de l'intelligence
qui se connaît, connaît l'œuvre, le but et les moyens qui y con-
duisent » (18).

Ce que notre penseur appelle « l'instinct, les instincts », ne
serait-ce pas plutôt le moi inconscient, le *sous-moi*, si bien mis
en lumière récemment par le Dr Surbled ? Ce sous-moi, ce moi
inconscient, n'est-ce pas déjà l'intelligence, mais l'intelligence
non réfléchie, non consciente d'elle-même, une conscience inconsciente, si l'on peut s'exprimer ainsi, autrement dit, la conscience
à l'état virtuel, en puissance ? Tout ce que l'auteur dit de ce qu'il
appelle « la religion instinctive » précédant la religion révélée,
s'explique mieux encore par le sous-moi, et ne conduit pas
moins bien à sa conclusion finale, que la religion chrétienne, la
religion de Jésus-Christ, est la seule vraie et légitime.

Nous n'aborderons pas cette discussion pour ne pas nous
attarder, ayant hâte de passer à la seconde partie, de beaucoup
la plus considérable, de la *Science de la vie*, celle qui porte en
sous-titre : *Le devoir*. Mais nous pouvons résumer en ces termes
la pensée dominante de tout ce qui précède :

Connais-toi toi-même et gouverne-toi.

(18) *Ibid.*, p. 217. Une telle proposition ne serait pas sans danger. Admettre
que l'*instinct* « passe peu à peu sous l'empire de l'intelligence », ne serait-ce
pas fournir une arme, au moins apparente, au matérialisme, dont la thèse,
d'ailleurs insoutenable, est que l'intelligence, la raison, n'est qu'un développement, un perfectionnement de l'instinct ?

II

TEMPÉRANCE ET SAGESSE

L'homme est un composé de corps et d'âme. Il doit donc gouverner et son corps et son âme. Mais l'âme n'est pas seulement esprit ; elle elle aussi cœur et volonté, et la volonté comme le cœur doivent aussi recevoir leur loi.

C'est par la Tempérance que s'opère le gouvernement du corps, par la Sagesse le gouvernement de l'esprit, le gouvernement du cœur par l'Amour, celui de la volonté par la Force — la force morale s'entend.

*
* *

La vertu de *tempérance* ne se borne pas à la modération dans le boire et le manger. Si, le plus souvent, elle est ainsi définie, la définition en est incomplète : la vieille acception française du mot tempérance, la même que l'acception latine de *temperantia*, « exprime l'art de concilier, de tempérer l'un par l'autre les éléments contraires dont l'antagonisme se retrouve au fond de toute vie ; c'est l'accord, l'harmonie d'où résulte la conservation de l'ordre, la modération de nos plaisirs et de nos actions » (19). Ainsi comprise la tempérance s'étend pour ainsi dire à toutes les branches de l'activité humaine, au rôle de l'homme par rapport à la nature, à la terre qui lui avait été donnée pour qu'il la cultivât (littéralement pour qu'il la travaillât) : *Ut operaretur terram... disponit orbem in justitia et aequitate*, dit l'Ecriture Sainte. La question de la propriété, qui est l'appropriation des biens par le travail, rentre aussi dans celle de la tempérance prise au sens général. De là l'étude de la richesse et de tous les devoirs qu'elle implique, du bien qu'elle peut faire comme des vices qu'elle engendre ; de la pauvreté et des vertus qui lui sont propres ; du véritable esprit de pauvreté compatible avec la richesse.

La tempérance, chez l'homme, est aussi « la conciliation à établir entre les appétits du corps et les aspirations de l'âme », ce qui amène l'auteur à étudier les rapports de celle-ci à celui-là. Ces rapports sont ceux de supériorité de la seconde à l'égard du premier, fondée toute sur le *cogito* cartésien : « la nature de ses phénomènes, son existence et son action sur nous, ne nous

(19) *Le Devoir*, t. I, p. 9 (t. II de *La Science de la vie*).

sont révélées qu'à l'aide de la connaissance que nous avons de notre âme et de ses phénomènes », autrement dit à l'aide de notre conscience. « Ce qui est *esprit* est premier et son existence est assurée ; ce qui est *corps* est second et de nature inférieure et subordonnée » (20).

La matière ne serait qu'un assemblage de forces. Ici notre auteur se rencontre avec Boscowich, dont il ne paraît pas toutefois avoir connu les écrits ; il estime en effet que si la matière était appelée à comparaître devant l'esprit, et si la philosophie « venait à presser la matière entre ses doigts, elle ne trouverait que la force », ou plutôt des forces (21). Car « la matière n'est pas l'*être* des choses, elle n'en est qu'une manifestation ; elle n'est que ce qu'elle paraît par rapport à nous ; si notre appareil sensible était changé, elle ne paraîtrait plus la même » (22).

La réfutation de quelques-unes des objections du matérialisme, des plus habituelles, trouve ici sa place ; sans la résumer, signalons cette remarque topique, à savoir que l'esprit ne peut être matérialiste sans se contredire, sans renoncer à lui-même (23).

La supériorité implique la domination. L'âme doit donc dominer le corps, le diriger, le contraindre à obéir. Elle y arrive par divers moyens plus ou moins accessibles, suivant le degré d'énergie et de virilité dont elle est douée. C'est d'abord la sobriété, à un degré déjà plus élevé, la frugalité, plus haut encore l'austérité, qui peut s'étendre à tous les actes de la vie courante ; et enfin, en se plaçant au point de vue surnaturel, la pénitence et l'ascétisme, dont l'expression la plus parfaite nous est donnée en la forme érémitique, monastique, dans ses différentes catégories, et apostolique ou évangélique, pratiquée le plus souvent par les ordres religieux.

*
* *

C'est par la *sagesse* que doit s'opérer le gouvernement de l'esprit, de l'intelligence.

Mais qu'est-ce que la sagesse ?

(20) *Loc. cit.*, p. 127.
(21) On sait que d'après Boscowich, les éléments ultimes de la matière se réduiraient à des points mathématiques, centres et points d'application de forces, les unes attractives, les autres répulsives, dont les actions réciproques donneraient lieu, suivant leur direction et leur intensité, aux différents états des corps (Cf. Ign. CARBONNELLE : *Les confins de la science et de la philosophie*, chap. II, *La physique moderne*, 1881, Paris, Palmé). C'est sous une forme moins rigoureuse et moins technique, la pensée qu'exprime l'abbé Guinand. Mais cette manière d'envisager l'essence de la matière est fort combattue, notamment par l'école néo-scolastique, qui lui oppose la traditionnelle théorie de l'hylémorphisme ou de la matière première et de la forme substantielle. Toutefois les deux théories ne seraient peut-être pas inconciliables.
(22) *Loc. cit.*, p. 129.
(23) *Loc. cit.*, p. 136.

Elle s'entend de diverses façons. Pour les uns, elle serait la connaissance des choses par les premières causes (26), définition qui convient également à la philosophie. Elle est encore une vertu morale, une haute prudence et un don du Saint-Esprit (25). Elle comprend aussi « l'abstinence des disciples de Pythagore, la constance des stoïciens, l'humilité, la charité, que nul de ceux-là n'avaient connue » (26).

Ce sont, on le voit, des vertus d'ordre supérieur à la tempérance, par lesquelles l'âme règle l'exercice de son intelligence. Unie au corps, l'âme n'est pas contenue dans le corps comme le pense, entre autres, l'école cartésienne ; elle le contiendrait plutôt. Elle n'est pas ce qui est formé, mais ce qui *informe* ; elle n'est pas un effet, une résultante, mais une cause, un principe, le principe même de l'organisme, de la vie du corps (27). Jusque-là, rien de mieux ; mais si l'auteur se sépare du cartésianisme sur ce point, il y revient ensuite en soutenant qu'une douleur ressentie, par exemple, provient d'une *impression* dans le corps et produit instantanément la *sensation* dans l'âme. Or, la sensation n'est pas dans l'âme seulement, elle est tout ensemble dans le corps et dans l'âme, dans ce composé humain qui ne se dissout qu'à la mort. Par la sensation, les images s'impriment dans le cerveau et forment le *substratum* au moyen duquel l'esprit, substance immatérielle, s'élève aux idées. Cette vue, contredite pp. 192, 193 du second volume de *La Science de la vie* (tome Ier du *Devoir*), ressort d'ailleurs implicitement d'un passage où notre auteur, citant Bossuet (28), atteste que les sens sont « la faculté propre de ce tout naturel » qu'est le composé du corps et de l'âme.

En tout cas, ce qui ne laisse place à aucune dissidence, c'est la différence profonde, essentielle, qui sépare la *sensation*, phénomène d'origine purement physiologique et matérielle, de l'*idée*, qui est un phénomène d'ordre spirituel et supérieur à la matière. Et l'idée, produit de l'intelligence, « nous met en rapport avec tous les êtres, avec toutes les vérités ; et lorsqu'on arrive à produire une idée conforme à la vérité des êtres, on a retrouvé la pensée de Dieu ; cela s'appelle *la science* dans son sens le plus général » (29).

La vérité est l'objet de l'intelligence ; et « la loi de l'intelligence est de se soumettre à la vérité », et, quand on est arrivé à la possession d'une vérité partielle, de ne pas nier ce qui est

(24) ELIE BLANC.
(25) *Ibid.*
(26) OZANAM.
(27) *Le Devoir*, t. I, p. 190.
(28) *Supra*, p. 4, et premier volume de *La Science de la vie*, p. 28.
(29) *Le Devoir*, t. I, p. 197.

au-delà, comme certains savants qui proclament faux tout ce qui les dépasse, prenant leur pensée pour la mesure de la vérité (30). « Ce n'est pas ce qu'on sait qui rend incrédule, c'est ce qu'on ne sait pas ».

La *droiture* est la première vertu de l'intelligence qui, lorsqu'elle connaît le vrai, s'y attache et l'aime pour lui-même envers et contre tout, intérêts, préjugés et passions. Mais cette droiture a bien des obstacles à surmonter : l'*ignorance* d'abord, souvent accrue de la présomption qui affirme, au lieu d'avouer qu'elle ne sait pas. L'erreur est une ignorance diminuée, car elle suppose toujours une certaine connaissance et résulte souvent d'apparences. Les vues préconçues, les *préjugés*, sont un autre obstacle à la droiture de l'esprit ; ils sont de bien des sortes, tenant au temps, à la race, à l'éducation, ou au milieu, et entraînent à une multitude d'erreurs. Mais l'*intérêt personnel*, l'intérêt de nos plaisirs, douleurs, affections, passions de toute sorte, et, plus encore, l'*égoïsme intellectuel*, « dans lequel notre esprit se fait le centre du monde » (31), sont des causes d'erreur, des obstacles à la droiture de l'esprit, plus graves et plus irréductibles encore.

Une deuxième vertu de l'intelligence est l'*humilité*, laquelle n'est autre que la droiture appliquée à l'estime de soi-même, et consiste « à s'estimer à sa juste valeur plutôt au-dessous qu'au-dessus, à peu près rien devant Dieu, la grandeur et la justice absolues, et fort peu de chose devant les hommes » (32), sans toutefois s'abaisser à abdiquer toute dignité, ce qui serait une fausse humilité aisément voisine du vice opposé, c'est-à-dire de l'orgueil (33) : l'orgueil, ce premier péché qui a passé de Satan à Adam, des anges aux hommes. « Ce vice céleste fut ensuite un vice royal (voire impérial) ; il devient populaire maintenant que le peuple se croit souverain » (34).

La seule expiation qui ait été digne du péché d'orgueil a été Dieu lui-même se faisant homme et mourant pour l'humanité. L'homme avait voulu prendre la grandeur de Dieu, Dieu a pris

(30) *Ibid.*, p. 195.
(31) *Ibid.*, p. 208.
(32) *Ibid.*, p. 212.
(33) Comme, par exemple la manie de certains savants qui se plaisent à rabaisser l'homme au niveau de l'animalité, en n'admettant entre celle-ci et l'humanité qu'une différence de degré, et qui, poussant à outrance leurs théories évolutionnistes fondées sur de pures hypothèses, prétendent nous faire descendre d'un ancêtre commun au singe et à l'homme. De même, sont également dans le faux d'autres savants qui, par comparaison entre la petitesse de notre stature et les immensités sidérales, rabaissent l'homme à un quasi-néant ; comme si l'homme n'était pas que corps et comme s'il pouvait exister un terme commun entre l'ordre matériel et l'ordre intellectuel et moral.
(34) *Le Devoir*, t. I, p. 220.

la petitesse de l'homme, et l'humanité, relevée par l'incarnation
de la nature divine dans la nature humaine, a retrouvé ses fins
supérieures, sa marche vers la perfection toujours désirée, jamais
atteinte (35).

La *sincérité* est la troisième vertu intellectuelle. Elle consiste
« à avoir la vérité dans son cœur » (36), ce qui implique absence
de tout artifice, de tous détours, de toute malice. Elle est un
devoir primordial, l'homme se devant à la vérité comme il se
doit au bien, à la vertu, à la justice. Il est satisfait à la vérité
soit par l'affirmation pure et simple, comme l'explique saint
Mathieu reproduisant les paroles de Notre Seigneur (ch. V, v. 37),
et c'est le cas le plus ordinaire ; soit par celle-ci avec l'appui
de la parole d'honneur ; soit par le serment, lequel n'a d'impor-
tance que moyennant la croyance en Dieu, faute de quoi sa
valeur est nulle.

Le mensonge, sous ses diverses formes : fausseté, fraude, per-
fidie, duplicité, hypocrisie (la pire de toutes), est le vice opposé à
la sincérité. L'obligation de conformer notre pensée à la vérité
est absolue et ne souffre pas d'exception. Il n'en est pas tout à
fait de même de l'obligation de conformer notre parole à notre
pensée. D'abord on n'est pas tenu d'exprimer tout ce que l'on
sait, tout ce que l'on pense, et dans beaucoup de cas l'on doit
se tenir à cet égard sur une réserve plus ou moins grande, parfois absolue. Il peut arriver — et il arrive souvent — que l'on
soit dépositaire de secrets ne vous appartenant pas, ou même
leur divulgation pourrait être cause de graves préjudices et com-
promettre les intérêts, l'honneur ou la vie d'autrui. Tel le secret
professionnel du confesseur, du médecin, du notaire, etc. En ce
cas, taire la vérité, la contredire même, s'il est nécessaire, n'est
pas mentir, parce que ceux à qui elle est ainsi célée n'ont pas
droit à la connaissance de cette vérité, qui est comme la propriété de ceux qui l'ont confiée à la discrétion de leur confident.

Sans nous étendre davantage sur tout ce que comporte ce
magnifique sujet du gouvernement de l'intelligence par la sagesse, sur l'éducation de la sincérité, sur les divers modes d'altération de la vérité, et la démoralisation des peuples dont cette
altération habituelle est la cause ; sans aborder l'étude de l'*esprit
de vérité* dans les choses, dans les hommes, dans le monde
divin, dans la vie et dans la mort ; sans analyser ces deux qualités maîtresses de l'intelligence, la clarté et la certitude, ni
esquisser les traits de l'éducation de l'esprit, — citons quelques-

_____

(35) *Ibid.*, p. 224.
(36) « Seigneur, qui habitera vos tabernacles ? dit le psalmiste. Celui qui a la
vérité dans son cœur et qui n'use point d'artifice dans ses paroles ».

unes des vues les plus originales auxquels ont donné lieu ces divers points.

Pourquoi les races saxonnes semblent-elles l'emporter aujourd'hui sur les races latines ? « La raison en est simple : les races latines ont la vérité, mais elles n'ont pas l'esprit de vérité. Nous nous endormons dans la possession paisible de la vérité, tandis que ceux qui en sont privés la cherchent, s'agitent et travaillent... Ce sont les incroyants qui font le plus de livres, qui travaillent le plus l'Evangile pour justifier leur incrédulité, tandis que les croyants négligent de justifier leur foi » (37).

L'esprit de vérité dans la mort a suggéré à l'auteur un parallèle magnifique entre le côté matériel de la mort et sa face opposée où l'on retrouve les deux pensées que Dieu lui-même y a attachées : l'expiation et la renaissance (38).

En traitant des qualités de l'intelligence, il signale de nouveau l'erreur cartésienne sur la certitude et la clarté : « C'est une erreur de Descartes d'affirmer que nous ne devons tenir pour certaine aucune idée qui ne soit claire... Or, comme l'a dit Joubert, c'est presque toujours par quelque idée confuse que nous agissons. L'idée confuse qui nous fait agir, nous la tenons cependant pour certaine... Il n'y a pas d'idées *absolument* claires, mais il y a des idées absolument certaines » (39).

Sur l'éducation de l'esprit : « Le tort de l'éducation intellectuelle française est de s'adresser presqu'exclusivement à la mémoire... les idées plantées dans l'esprit des enfants leur sont étrangères ; elles sont rangées tout autour comme des tableaux accrochés aux murs d'un salon, et l'intérieur est vide » (40).

L'éducation de l'esprit amène l'auteur à un très ingénieux parallèle entre l'intelligence masculine et l'intelligence féminine, lesquelles, étant de même nature, diffèrent seulement par les qualités : « Il y a des aptitudes naturelles à la femme et d'autres plus spéciales à l'homme... La femme peut avoir des clartés de toutes les sciences, elle est capable de se les assimiler, elle ne les crée pas par son travail propre (41). Les Muses étaient femmes aussi bien que les Grâces : les unes sont l'expression du beau, les autres en sont l'ornement ».

(37) *Le Devoir*, t. I, p. 264-265.
(38) *Ibid.*, p. 272 et s.
(39) *Ibid.*, p. 286.
(40) *Ibid.*, p. 305.
(41) *Ibid.*, p. 313-315. Mme Curie et quelques autres moins célèbres semblent donner un démenti à cette assertion. Mais ce sont là de rares exceptions qui n'infirment en rien la règle générale.

III

LE CŒUR GOUVERNÉ PAR L'AMOUR

Qu'est-ce que le cœur, moralement et psychologiquement parlant ? Ce n'est pas, évidemment, l'organe corporel qui porte le même nom. Mais comme les émotions, les sentiments, les passions, après avoir agi sur l'encéphale, ont leur contre-coup immédiat sur le muscle cardiaque, on a donné le nom de ce dernier à la faculté par laquelle l'âme humaine éprouve ces passions, ces sentiments, ces émotions, à la sensibilité autrement dit. Mais le terme de sensibilité est équivoque et s'applique également à la faculté physiologique des sensations comme à celle, toute psychologique et morale, des sentiments. Le cœur au contraire n'implique que ces derniers et ce qui s'y rattache.

Nous avons vu comment la tempérance sert au gouvernement du corps, la sagesse au gouvernement de l'esprit, de l'intelligence. Quel sera l'agent du gouvernement de la sensibilité morale ou du cœur ?

Ce sera l'*amour* (42). Mais l'amour au sens le plus élevé, le plus noble et le plus étendu : amour du père et de la mère pour leurs enfants, des enfants pour leurs parents, des frères et sœurs entre eux, de l'époux pour l'épouse ; amour sous la forme de l'amitié ; amour du prochain ; amour du vrai, du beau, du bien, de tout ce qui est noble, élevé, sublime, infini ; enfin et par-dessus tout, amour de Dieu en qui tous ces attributs rayonnent dans la forme absolue.

Or c'est par l'amour ainsi entendu que doit être gouverné le cœur. De même que le corps recherche ce qui satisfait les sens, de même que l'intelligence a pour objet le *vrai*, de même le cœur recherche et a pour objet le *beau* ; et pour concevoir le *beau*, pour y atteindre ou au moins en approcher dans la mesure du possible, l'homme est doué d'une faculté spéciale et souvent brillante : l'imagination.

L'imagination est de deux degrés ou de deux sortes. Au degré inférieur, elle est toute passive et consiste uniquement dans l'impression, sur le cerveau, des images des choses extérieures, images visuelles, auditives, verbales, etc., conservées plus ou moins fidèlement par la mémoire. A ce degré inférieur, l'imagination est commune à l'homme et à l'animal, elle est purement sensitive et l'intelligence n'y a point de part.

Au second degré, l'imagination, servie dans une certaine

(42) LA SCIENCE DE LA VIE : Deuxième partie. *Le Devoir*. t. II.

mesure par l'intelligence, a la perception du beau et l'exprime plus ou moins heureusement par l'art ou la poésie. En voici un exemple. L'idée que la mort n'épargne pas plus les puissants et les rois que les petits et les pauvres est très simple ; la poésie saura la revêtir des plus riches images :

> Pallida mors aequo pulsat pede
> Pauperum tabernas regumque turres,
>   O beate Sesti !

dira par exemple Horace ; et l'on sait de quelle manière, non moins brillante, Malherbe l'a fait passer dans notre langue française.

Le beau suscite au cœur des sentiments divers : l'*émotion* des choses de la nature, qui entraîne l'*inspiration* et produit, par le génie des architectes, les cathédrales de Saint-Pierre, de Cologne, de Strasbourg ; par le génie des poètes, l'Iliade, l'Enéide, la Divine Comédie ; par celui des statuaires et des peintres, le « Moïse » de Michel-Ange, le « Couronnement de la Vierge » de Fra Angelico, « L'Immaculée Conception » de Murillo ; par le génie des musiciens, la « Passion » de Bach, le « Messie » de Haendel, la « Création » ou les « Saisons » de Haydn, les symphonies de Beethoven, le *Requiem* de Mozart, les opéras de Wagner. Le sacrifice de soi-même pour sauver autrui ou, plus haut encore, pour le service exclusif de Dieu et des âmes, est dû aussi à l'inspiration qui, dans le dernier cas, devient surnaturelle.

Les *affections* sont un troisième ordre de sentiments, et, ayant l'homme pour objet, elles peuvent, à la différence des précédents qui, venant des choses ou de l'idéal, ne touchent que l'âme, n'être pas sans danger. En soi, elles sont légitimes, elles sont louables, car le cœur est fait pour aimer. Mais elles peuvent être déplacées et coupables, car l'abus est toujours possible à côté même de ce qu'il y a de meilleur. Il faut aimer, mais ne pas aimer mal, aimer l'ordre divin avant les personnes, et avant tout, dans celles-ci, le bien, le vrai, la beauté de l'âme, afin d'éviter les entraînements passagers, et permettre à la raison de diriger le cœur.

*
* *

Celui-ci passe par plusieurs phases distinctes : d'abord, l'éveil, dans la seconde enfance et la première adolescence, lors des premières perceptions de l'idéal dans les âmes pures, de l'apparition des grands sentiments, alors que le cœur cherche son objet : ambition ? richesse ?, science ? art ? charité ? ou bien Dieu seul ? La description de ce travail de la jeune âme qui cherche sa voie est présenté en un tableau d'une grâce parfaite par notre auteur. La seconde phase est celle où le cœur, au sortir de l'adolescence, traverse une sorte de noviciat. Phase critique, où le cœur éprouve un besoin mal défini d'aimer, de se répandre en affections au dehors, et où il doit apprendre à contenir et diriger ces aspirations ; celles-ci, bien conduites, se résoudront successivement dans l'amour conjugal, dans l'amour paternel et maternel, lequel doit inspirer aux enfants une tendresse mêlée de respect, répudiant ce moderne tutoiement des enfants à l'égard des parents qui implique, entre ceux-là et ceux-ci, une sorte de camaraderie funeste au respect filial. — L'amitié, cette autre forme de l'amour, forme exquise et pure de tout alliage, prend naissance très principalement à cette époque de la jeunesse où le cœur s'ouvre et s'épanouit.

A cette deuxième phase du cœur se rattachent ses maladies. Car de même que le corps, le cœur, ce côté sensible et exquis de l'âme, a aussi ses maladies. Elles se rattachent à quatre chefs : la « sentimentalité », sorte de prolongement de la première phase, le cœur en étant resté à ses premières aspirations, sans les préciser, sans se résoudre, flottant dans le vague ; la « sensiblerie », s'apitoyant à faux sur qui ne le mérite pas, pleurnicheuse, affadie, sans ressort ; la « mélancolie » rêveuse et triste, égoïste et langoureuse ; enfin le « romanesque », résultat ordinaire de la lecture inconsidérée des romans, sans choix, sans critique, sans direction, confinant à la mélancolie et livrant l'imagination à tous les écarts.

A toutes ces maladies du cœur, si l'on n'a pu — ce qui est toujours préférable — les prévenir ou les enrayer au début, le seul remède, mais, remède efficace, selon notre auteur, c'est la joie, la joie « grande loi de la nature humaine, épanouissement de l'être, vraie santé du cœur », la joie qui, dans son essence, est religieuse, chrétienne. Les saints sont presque toujours joyeux, et saint François d'Assise nous a laissé la plus poétique expression de cette joie sereine et bienfaisante. L'auteur du *Stabat* douloureux de la Passion, Jacopone de Todi, avait aussi composé le *Stabat* joyeux de la crèche de Bethléem (43). Cette joie douce et saine des saints est opposée au pessimisme, qui est propre aussi à la nature humaine, car il est de tous les temps : dans tous les temps et dès la plus haute antiquité, il s'est trouvé des hommes, et non des moindres, pour décrier le présent au profit du passé. Horace ne faisait qu'exprimer une pensée commune à chacune des générations qui l'avaient précédé, quand il disait ·

Damnosa quid non imminuit dies ?
Ætas parentum pejor avis, tulit .

(43) Le texte peu connu du *Stabat mater speciosa* est donné par l'auteur en note, au bas de la page 112 du tome II du *Devoir*. On le trouvera également, avec la mélodie qui l'accompagnait au moyen âge, dans les *Cantus mariales* de Dom Pothier, p. 23 sq. (Paris, Poussielgue).

> Nos nequiores, mox daturos
> Progeniem vitiosiorem (44).

Cicéron, Tacite, Sénèque portaient le même jugement. Plusieurs pères de l'Eglise raisonnaient de même. Erasme appelait le xvie siècle « l'excrément des temps », Bossuet traitait le xviie de « temps mauvais et petit », Jean-Jacques Rousseau, de triste mémoire d'ailleurs, appelait le xviiie « une grande pourriture »; et au xixe, le philosophe espagnol Balmès érige le pessimisme en système social. Mais, dit avec raison l'abbé Guinand, « du siècle où nous vivons, nous ne voyons que ce qui nous choque et nous blesse, et, au contraire, des siècles passés nous ne retenons que ce qui est noble et grand » (45). Or, depuis la chute du premier couple humain, le bien et le mal, les nobles et les basses passions, avec hélas ! le plus souvent prédominance de celles-ci sur celles-là, se sont donné carrière dans tous les temps et dans tous les lieux. Au lieu de gémir sur le malheur des temps, il faut travailler à améliorer nos contemporains et, comme saint Augustin au milieu des ruines croulantes du monde romain et de l'invasion des Vandales, « espérer toujours et ne se décourager jamais ».

*
* *

A la suite de cette deuxième phase du cœur qu'on a comparée à un noviciat, s'en produit une troisième, c'est celle où les débuts de l'âge viril ont fait place à cet âge où les passions commencent à fermenter dans un sang jeune et généreux, mais ardent, et ne demanderaient qu'à éclater avec violence, si la raison, si la volonté, dont nous parlerons bientôt, n'intervenaient pour les réfréner, les régler et en diriger les forces vers le bien. Car il ne faut ni les étouffer, ni les détruire, ni leur obéir, mais les

---

(44)   Que n'a pas amoindri notre temps condamnable ?
         Celui de nos parents, déjà plus misérable
         Que celui des ayeux. nous créa plus méchants :
              Pires seront nos descendants.

(45) *Le Devoir*, t. II, p. 120. — Par une sorte de réaction contre ces vues pessimistes, certaines natures, par une exagération en sens inverse mais non moins erronée, vantent, avec une enflure outre-cuidante, la supériorité « des temps modernes » (c'est-à-dire datant de la Révolution) sur tous les temps antérieurs, de telle sorte que, à les en croire, notre époque surpasserait en intelligence, en philosophie, en portée sociale, tous les temps qui l'ont précédée. Certains même vont jusqu'à faire dater la civilisation, l'histoire de 1789 seulement, tout ce qui a précédé cette date étant à leurs yeux ténèbres et barbarie ! — C'est de cette grossière erreur qu'est née l'école dite *moderniste*, qui, prétendant l'intelligence et la philosophie des hommes des xixe et xxe siècles supérieures à toute intelligence et à toute philosophie des siècles antérieurs, ne visait à rien moins qu'à soi-disant « moderniser » nos dogmes en leur enlevant tout ce qui en fait la substance théologique, pour les réduire à de simples préceptes de morale. Cet optimisme insensé n'a d'ailleurs rien de commun avec la joie douce et chrétienne préconisée plus haut.

discipliner et les soumettre, par la réflexion, au joug de la raison aidée, car elle ne suffit pas, de la prière et du secours divin.

Quand la fougue des passions s'est amortie et assouplie sous l'empire de la raison et de la volonté avec le concours du temps, une quatrième phase du cœur apparaît, c'est celle de la bonté. La bonté, cette qualité exquise, propre aux cœurs généreux, a plusieurs degrés : elle donne ou elle se donne, elle excuse les fautes d'autrui et, plus forte que la méchanceté même, elle s'exerce même envers les ingrats, et l'homme parfaitement bon fait le bien même à ceux qui lui font du mal. La bonté est, de tous les attributs divins, celui qui passe en première ligne, et le Dieu des chrétiens, le vrai Dieu est, avant tout, le *Bon* Dieu. L'amabilité, la bienveillance sont sœurs de la bonté, car ses contraires sont l'envie et la jalousie, essence du démocratisme qui repousse toute supériorité, redoute les valeurs personnelles et se rattache beaucoup plus à la haine qu'à l'amour et à la bonté.

L'amour, qui est l'agent du gouvernement du cœur, se rapporte à trois ordres qui sont l'amour de soi, l'amour d'autrui et l'amour de Dieu, lequel, conscient chez l'homme religieux, existe aussi bien que inconsciemment — parfois même involontairement — chez beaucoup d'autres. Ce besoin toujours poursuivi, jamais pleinement satisfait, de vérité, de justice, de bien, d'amour, d'infini, qui anime en si grand nombre les créatures humaines, n'est autre qu'un amour inconscient de Dieu dont tous ces buts incessamment poursuivis sont des attributs essentiels, et c'est Dieu que, sans le savoir, on aime en eux.

IV

LA FORCE DE LA VOLONTÉ

La Nature, à laquelle le corps de l'homme est soumis, la Vérité objet de son intelligence, la Beauté qui impressionne son cœur, sont des forces auxquelles il est subordonné. Mais lui-même est une force, et cette force, à son tour, réagit sur celles qui s'imposent à lui. Cette force, c'est la *volonté*, qu'il s'agit de savoir diriger pour la conduire, dans la mesure du possible, à sa perfection.

La volonté repose sur deux bases essentielles : l'activité, qui éclôt et se développe chronologiquement la première, et la liberté, compagne de la volonté, qui naît avec l'intelligence.

D'abord purement instinctive, dirigée par une force aveugle et qui s'ignore, cette activité, commune à tout être vivant, le pousse à accomplir ce qui est nécessaire à sa conservation et à son développement, et à fuir ce qui leur est contraire. Cet instinct n'est pas, comme le voulait Descartes, le résultat d'un certain mécanisme cérébral, mais il est, conformément à la doctrine de Bossuet, « la part de Dieu dans chaque être, *aliquid divinum*, pour le conduire à ses fins » (46).

Passif dans le végétal (47), l'instinct est actif en l'animal, en même temps que sensitif ; de même chez l'homme ; mais il est le plus souvent soumis au contrôle de la raison et partant sujet à erreur, tandis qu'il est presque toujours infaillible chez l'animal. Faut-il accorder, avec l'auteur, aux instincts de la créature humaine, un côté *spirituel*, par lequel l'enfant, avant l'usage de la pleine raison, aurait le sens instinctif du bien, de la logique, du vrai? Nous préférerions, ici, parler d'intuition plutôt que d'instinct. L'instinct, en effet, ressortit à la sensibilité, et le sens du bien et du vrai est du domaine intellectuel. La proposition suivante, sauf en son premier membre de phrase, nous semble donc inexacte : « L'instinct chez l'homme, c'est le corps agissant de lui-même, ce sont les facultés agissant d'elles-mêmes, c'est l'âme raisonnable agissant spontanément à la façon des forces de la nature » (48). Facultés intellectuelles, âme raisonnable agissant spontanément, cela mérite mieux que le nom d'instinct. Ce n'est peut-être là, après tout, qu'une querelle de mots, « instinct » pouvant être pris, à la rigueur, dans un sens métaphorique. Prenons-le donc dans ce sens et constatons avec notre auteur que, au-dessus de l'action spontanée, irréfléchie, non progressive des instincts matériel et «spirituel», il y a l'intelligence qui doit tout apprendre par un continuel effort, mais qui, par la connaisance acquise, domine les autres forces.

Ce n'est pas, toutefois, sans lutte contre les instincts matériels, naturellement enclins à tout ce qui favorise le bien-être du corps et ce qui s'y rattache, alors que le bien, le vrai, le devoir lui sont opposés. Et ceci nous amène à la seconde base de la volonté, à la liberté.

La liberté se présente à nous sous divers aspects. C'est d'abord la faculté de vouloir, de choisir entre faire et ne pas faire. Ainsi envisagée, elle est la liberté naturelle ou le libre arbitre ; c'est

---

(46) *Le Devoir*, t. II, p. 207. Voir aussi BOSSUET, *De la connaissance de Dieu et de soi-même*, chap. V, § II et III.

(47) Ici, notre rôle d'analyste nous fait émettre une proposition des plus contestables. Donner le nom d'instinct à la force vitale des plantes, c'est pousser un peu loin l'analogie, même en le spécifiant comme purement passif. L'instinct est essentiellement actif : il est le plus souvent, tant chez l'animal que chez l'homme, sensitif et appétitif. De plus en plus développé à mesure que s'élève l'échelle zoologique, il est moindre chez l'homme parce qu'il cède en grande partie la place à l'intelligence, à la raison libre.

(48) *Op. cit.*, p. 209.

la forme fondamentale de la liberté ; ce n'en est ni la plus
relevée ni la plus noble. De même les fondations d'un édifice
ne sont pas ce qui en constitue l'excellence et la beauté. Toutefois, soumise à l'intelligence, la liberté naturelle surmonte et
annule le déterminisme que, seule, subit dans toute son étendue
l'activité animale.

Une autre forme de la liberté, la plus noble et la plus haute,
celle-là, c'est la liberté morale, par laquelle nous choisissons
le bien et le vrai et fuyons l'erreur et le mal, nonobstant toute
satisfaction, tout plaisir, tout intérêt contraire.

Cette liberté de choisir le vrai et le bien, implique, il est vrai,
la faculté de préférer l'erreur à la vérité, le mal, le « péché », à
la vertu. Mais en ce cas, trop fréquent, hélas ! la liberté se manque à elle-même et cède la place à une sujétion, à un esclavage :
l'homme devient alors le subordonné, l'esclave de son intérêt,
de sa passion, et ne mérite plus la qualification d'homme libre,
il n'a plus la maîtrise de soi-même (49).

Si évident que soit un fait comme celui de la liberté intérieure
ou naturelle qui se peut constater, en chacun de nous, à tout
instant du jour, il s'est rencontré des philosophes pour le nier
et pour rapporter tous nos actes à un déterminisme fatal. C'est
pourquoi notre philosophe lyonnais consacre tout un chapitre à
administrer les preuves de la réalité du libre arbitre et de toute
liberté, comme à réfuter les objections qu'on lui a opposées (50).
Sans entrer dans cette discussion, à laquelle on peut se reporter,
signalons l'objection tirée, contre la liberté humaine, de la
prescience divine. Comment, se dit-on, les actions humaines seraient-elles libres, puisque Dieu les a prévues et déterminées de
toute éternité ? La contradiction est plus dans les mots que dans
les faits. D'abord le mot « prescience » (*prae*, avant, *scire*,
savoir) est impropre ; pour Dieu, il n'y a ni *avant* ni *après*, « ni
passé ni futur, ni souvenir ni prévoyance » (51). Dieu voit toutes
choses dans un éternel présent ; Il voit notamment les faits
humains se dérouler, non point parce qu'Il les voit, ou, pour
parler notre pauvre langue humaine, parce que de toute éternité
Il les a prévus : mais tout au contraire Il les a prévus — ou
mieux les voit éternellement, — parce qu'ils devaient ou doivent
arriver par la libre volonté des hommes. « La vie divine, toute
tirée d'elle-même, toute essentielle, est toujours dans sa plénitude. Ses puissances sont en acte. »

____

(49) « Ce n'est pas le libre arbitre donné par Dieu qui rend l'homme faible,
c'est le manque de liberté ; Il est enchaîné par des infirmités (morales) et des
passions qu'il a laissé grandir : à lui de se rendre libre ». (*Op. cit.*, p. 324).

(50) *Op. cit.*, t. II. 2ᵉ partie, chap. II.

(51) T. II, p. 234.

Quant à l'objection de nos modernes déterministes, il est curieux de constater qu'ils avaient été précédés dans la négation de la liberté par Luther, Calvin et Saint-Cyran.

Une troisième forme de la liberté, celle-là plus discutée, c'est la liberté de conscience. Cette liberté est cependant, comme l'a dit Léon XIII dans l'Encyclique *Libertas*, « le droit qu'a toute âme humaine de diriger sa vie religieuse sous la responsabilité de son choix devant Dieu » (52). Il se trouve que les plus odieux attentats à cette liberté, sa violation la plus monstrueuse, sont l'œuvre d'hommes qui ont incessamment son nom sur les lèvres, et qui rendent obligatoire l'instruction athée, mettent l'Eglise hors la loi, lui suscitant mille obstacles, entravant ou brisant les carrières des fonctionnaires dès qu'ils sont notés comme catholiques. On reconnaît là l'œuvre maçonnique. Une telle violation du droit, une telle tyrannie sont justement condamnées et flétries par notre auteur. Il n'admet pas davantage, et c'est ici que la discussion serait possible, l'intolérance des catholiques à l'égard des dissidents, bien qu'il reconnaisse qu'ils ont la logique pour eux, étant en possession de la vérité. Sans doute, car incontestablement l'erreur n'a pas de droits. Mais les personnes ont des droits. Les dissidents sincères dans leur erreur et se croyant en possession de la vérité, lorsque de fait plusieurs croyances opposées coexistent ensemble, ont droit, assurément, à n'être pas violentés ou malmenés au sujet de leur foi. Seulement, une distinction nécessaire est à faire ici, et si notre auteur ne la fait pas suffisamment ressortir dans le chapitre qui traite de la question, nous retrouverons cette distinction parfaitement établie dans le tome III du *Devoir*, qui nous occupera bientôt. On doit aux dissidents la *tolérance*, une tolérance assurée, garantie par la loi, et non pas la liberté au sens juridique du mot. Pratiquement, l'effet sera le même, et grâce à cette tolérance, la conscience des dissidents ne sera pas violée ; mais l'erreur ne sera pas pour cela mise sur le même pied que la vérité.

*
* *

Ce n'est pas seule et sans efforts que la volonté se mettra en pleine possession de cet état de liberté morale où elle aura l'horreur et la répulsion du mal, l'amour et l'attrait du bien et du vrai. Elle n'y parviendra que par une solide éducation, et, « de toutes les éducations, celle de la volonté est la plus importante, la plus difficile et la moins connue » (53). C'est dès le bas âge

(52) T. II, p. 257.
(53) Ibid., p. 264.

qu'elle doit être commencée, et d'autorité, par la mère, le père
ou les maîtres qui sont leurs mandataires, mais en faisant pré-
dominer, à mesure que l'intelligence se développe, la persuasion
sur la contrainte, en habituant l'enfant à faire succéder graduel-
lement à l'obéissance passive, l'obéissance éclairée, confiante et
volontaire. Ainsi préparé à la vie, l'enfant devenu homme se
dirigera librement vers les vertus naturelles, vers tout ce qui cor-
respond à la notion du bien, laquelle est nécessaire et de
nécessité absolue. La vue de la vérité, de la raison, de la justice
est indispensable à l'homme qui peut, à la rigueur, se passer de
tous les autres savoirs : sciences, lettres, érudition, arts, mais qui
ne peut se passer de la morale, fille de la notion divine, univer-
selle et éternelle du bien, ni ignorer la seule science qui influe
efficacement sur la valeur de ses actions : *Porro unum est neces-
sarium*.

Si la morale divine, chrétienne, la seule et vraie morale,
repose sur des principes absolus, immuables, indépendants des
temps, des lieux et des fluctuations de l'esprit humain, l'application de ces principes est, en quelque mesure, modifiable suivant
précisément les conditions particulières des temps, des lieux et
de l'état des esprits. Mais c'est pure utopie que de vouloir fonder
une morale sur « la Science ». « La Science », qui sait et enseigne
une foule de choses, ne sait absolument rien sur le devoir, sur
le bien : elle ne connaît que l'*utile*, alors que la morale est
essentiellement du domaine de l'*honnête*. De grands et austères
génies, de cent coudées supérieurs à nos pygmées modernes,
avaient tenté jadis, sans en employer le terme (d'invention
récente), de fonder une morale indépendante : ils s'appelaient
Marc-Aurèle, Epictète, Sénèque, et conformaient, au moins les
deux premiers, leur conduite privée à leurs austères principes :
ils ont échoué, le stoïcisme n'a pu faire école, et ce ne sont pas
nos jouisseurs contemporains qui pourraient le faire revivre.

La libre et volontaire acceptation du devoir en tout le cours
des circonstances de la vie constitue la *vertu* ; et, sous ce point
de vue, l'on peut dire que la pratique de la liberté est elle-même
une vertu. Il y a plus : lorsque cette acceptation du devoir est
faite au mépris des intérêts les plus précieux, des affections les
plus chères, de la vie même, la vertu devient de l'héroïsme, et,
accomplie en vue de Dieu, elle s'élève jusqu'à la sainteté.

L'omission, par la volonté libre, de l'accomplissement du bien,
constitue le mal, que l'on doit toujours prendre la tâche d'éviter
par dessus tout. Et cependant le mal a son utilité et remplit dans
le monde un rôle providentiel ; car ce libre arbitre qui met
l'homme à même de choisir entre lui et le bien, cette liberté
morale qui lui fait préférer le bien contre tout intérêt, tout

plaisir, toute satisfaction, au mépris, s'il le faut, du danger et même de la vie, est ce qui l'élève à la vertu, à l'héroïsme, à la sainteté.

Malheureusement, la nette et vraie notion du bien et du mal tend aujourd'hui à s'affaiblir : sous prétexte d'évolution on en vient jusqu'à les intervertir, prétendant, avec « cet Epicure du XIX⁰ siècle » qu'est Renan, que bien, mal, beau, laid, plaisir, douleur, raison, folie, se transforment peu à peu les uns dans les autres. Mais alors, « tous les hommes se valent ; il n'y a plus ni bons ni mauvais, ni honnêtes ni deshonnêtes, il ne reste que les plus forts... Quand le monde moral s'éteint, le monde physique, le monde de la force subsiste seul ; et dans ce monde-là, ce sont les violents, les forts qui l'emportent toujours » (54).

Il y aurait d'importantes distinctions à établir avec notre auteur entre *la* vertu et *les* vertus, les vertus fausses ou incomplètes, et «les vertus sans la vertu», ou même contre la vertu. Telles les qualités, vraies vertus morales, dont font preuve souvent les criminels dans les moyens par lesquels ils préparent et consomment leurs attentats. « Si, dit encore notre penseur lyonnais, les gens de bien, pour faire prévaloir le bon droit, déployaient autant d'énergie que les gens de mal en déploient pour satisfaire leur ambition, les gens de biens posséderaient la terre paisiblement, et la terre n'aurait pas été (il aurait pu dire : *ne serait pas)* arrosée de tant de larmes et de sang » (55).

Mais la vertu suprême, la vertu des vertus, celle qui les domine et les contient toutes, la plus haute qualité de l'âme, c'est la force acquise par le constant exercice de la volonté pour l'accomplissement du bien, du devoir, de la justice, nonobstant toutes les résistances des sens, du cœur, de l'intérêt, de la passion, de l'oppression, de la persécution même. Par là se forment, comme il est dit plus haut, les héros et, la grâce de Dieu aidant, les saints.

L'exemple le plus mémorable, le plus sublime, le plus transcendant au regard de notre humaine faiblesse, de cette force de volonté qui, pour la réalisation du bien, surmonte les obstacles les plus redoutables, les plus cruellement durs à la nature, nous est donné par l'Homme-Dieu, au cours de l'inénarrable agonie qui précéda sa passion. L'abbé Guinand a là-dessus une page dont nous ne voulons pas priver nos lecteurs :

« Voyez Jésus-Christ au jardin des Oliviers. Devant l'horreur de la mort ignominieuse qui l'attend, son corps sue sang et eau, succombe, entre en agonie ; son esprit est obscurci, la lumière divine qui l'éclaire a disparu ; son cœur est brisé devant tant

(54) *Op. cit.,* p. 331.
(55) *Ibid.,* p. 337.

de corruption, de haines, de crimes qu'il faut expier. L'homme, en lui, ne peut plus lutter, il est submergé par les iniquités dont il lui faut répondre... et de toutes ses facultés impuissantes, qui répugnent à la mort, s'échappe ce cri d'angoisse : « Père, s'il est possible, que ce calice s'éloigne de moi ! »

« A ce moment, le plus terrible qu'on ait vu ici-bas, la volonté de Jésus-Christ s'empare de toutes ces facultés tremblantes et défaillantes, les fait taire, les domine... Alors du sein de cet abîme de douleurs, monte vers Dieu l'expression de la soumission la plus sublime qui ait jamais paru sur la terre : « Que ta volonté se fasse et non la mienne. »

*
* *

Ici se termine ce qu'on pourrait appeler la partie personnelle de *La Science de la vie* et du *Devoir*, celle qui s'adresse plus particulièrement aux individus comme tels et s'attache à fixer une règle au déploiement de leur activité. Ce n'est pas qu'il n'y soit fait d'assez fréquentes incursions dans la vie publique ; on a pu s'en rendre compte dans le cours de cette étude. Nous pourrions en citer d'autres exemples : à l'occasion de la « deuxième phase du cœur » et de l'amour filial, l'auteur trouve que « notre société utilitaire et démocrate a horreur du passé et vante le jeune avenir qui commence ; en fatale logique, elle méprise le vieillard qui s'en va et adore l'enfant qui arrive » (56). Plus loin, traitant la question de l'éducation, il déplore cette « tendance de l'éducation moderne à plier tous les esprits sous le même joug, à les astreindre au même travail. L'Etat a la singulière prétention de couler tous les Français dans le même moule... » (57). Et à propos de la morale : « Nul esprit parmi les hommes ne subsistera s'il ne voit pas la vérité, la justice, la raison ; nul peuple sur la terre ne subsistera s'il ne se soumet à la raison, à la vérité, à la justice ; tous les dieux (du paganisme) sont morts sur l'autel de la justice, et nul peuple ne peut subsister s'il n'a la vérité, la raison et la justice absolue. C'est pourquoi Jésus-Christ seul a pu dire : *Je suis la voie, la vérité, la vie* » (58).

Mais ces exemples, et bien d'autres que l'on pourrait citer, viennent incidemment et à l'appui des données s'adressant spécialement aux personnes. Il nous reste à examiner la pensée du philosophe lyonnais sur le devoir considéré par rapport aux corps sociaux.

Ce sera le sujet d'une autre étude.

(56) *Ibid*, p. 81.
(57) *Ibid.*, p. 221.
(58) *Ibid.*, p. 301-302.

Lille. Imp. de *La Croix du Nord*. — 34924

Les Questions

Ecclésiastiques

paraissent le 10 de chaque mois, en un fascicule in-8° d'au moins 96 pages, soigneusement imprimées sur beau papier. Elles formeront annuellement deux volumes d'environ 600 pages pour chacun desquels il sera fourni une couverture, une feuille de tête et quatre tables diverses : Auteurs, Actes du Saint-Siège, Bibliographie, Analytique.

L'abonnement court de janvier à janvier.

PRIX : France et Alsace-Lorraine. 12.00
Europe. 13.50
Hors d'Europe 15.00

Prière de s'adresser, pour ce qui concerne l'administration, à M. l'Administrateur de la Revue, 15, rue d'Angleterre, à Lille.

Envoyer ce qui regarde la rédaction et les ouvrages pour comptes-rendus, à MM. QUILLIET & CHOLLET, Professeurs à la Faculté de Théologie, et Directeurs des *Questions Ecclésiastiques*, 3, rue d'Isly, Lille. — Secrétaire de la Rédaction M. l'abbé DEHOVE, Docteur ès-lettres, Professeur suppléant à la Faculté des Lettres.

www.ingramcontent.com/pod-product-compliance
Ingram Content Group UK Ltd.
Pitfield, Milton Keynes, MK11 3LW, UK
UKHW021707090726
13657UKWH00005B/2089